Sauerhahn und Frauen-Pauer

UHU sei Dank!

Ein herzlicher Dank gilt Robin Domberg für die Zeichnung des Uhu auf dem Umschlag.

Wolfgang Bruckschlegl
Klaus P. Domberg

Sauerhahn
und Frauen-Pauer

Allerlei Gereimtes

Bibliografische Information der Deutschen Nationalbibliothek
Die Deutsche Nationalbibliothek verzeichnet diese
Publikation in der Deutschen Nationalbibliografie; detaillierte
bibliografische Daten sind im Internet
über http://dnb.d-nb.de abrufbar.

© 2017 Wolfgang Bruckschlegl, Klaus P. Domberg
Satz, Umschlaggestaltung, Herstellung und Verlag:
BoD – Books on Demand
ISBN 978-3-7448-2800-0

Inhalt

---

1   D = Domberg, B = Bruckschlegl

Skrupellos gereimt und geschüttelt

---

1   D = Domberg, B = Bruckschlegl

---

1   D = Domberg, B = Bruckschlegl

Betrachtet und reflektiert

Die Autoren

---

1   D = Domberg, B = Bruckschlegl

Das wollten wir vorab noch loswerden:

Es hört einfach nicht auf!

Von allen Seiten fallen immer wieder Eindrücke auf uns herab, setzen sich Ideen fest, gibt uns der alltägliche Trott oder Wahnsinn frische Anstöße. Und da können wir nicht anders, da kribbelt es in den Fingern, zuckt es im Hirn, wir setzen uns hin und diese Impressionen um in Reime, lange, kurze, lustige, böse, nachdenkliche.

Wir schauen auf die Menschen in unserem Umfeld, wie sie ihr Leben bewältigen oder auch nicht im Griff haben; wir reflektieren fremde, aber durchaus auch eigene fröhliche oder weniger erbauliche Gewohnheiten.

Und ganz ohne Tierisches kommen wir auch nicht aus, das gehört eben zu uns und da ist auch manch Skurriles zu finden.

Wir wünschen Ihnen viel Vergnügen und hoffen, dass unsere Verse Sie zum Schmunzeln, Lachen oder wenigstens zum Lächeln bringen werden, zum zustimmenden Nicken oder zum verneinenden Kopfschütteln, auf jeden Fall zu einer Reaktion auf unsere gelegentlich auch provokanten Reime.

Möglicherweise erkennen Sie sogar jemanden wieder?

Alles Gute!

Wolfgang Bruckschlegl und Klaus P. Domberg

Hemmungslose Verse

Ode an den Trinker

Glücklich bist du nun und heiter,
und am Ende der Karriereleiter.
Aus dem Heim für betreutes Trinken
kannst du uns jetzt fröhlich winken,
während deine Leber umtosen
alle Arten von Spirituosen,
und wecken deine schlappen,
leidgeprüften Leberlappen.

Dein Schlund war stets offen,
selten getrunken, meistens gesoffen,
aus welchem Gefäß, das war egal,
ob Kelch, ob Humpen, Flasche, Pokal.
Ob Container, Römer, Karaffen,
nie sah man dich erschlaffen,
restlos und in allen Ehren
das jeweilige Gefäß zu leeren.

Überall, an jedem Orte,
verwöhnst du deine Leberpforte,
dass sie nicht meckert oder murrt,
sondern nur genüsslich schnurrt.
Es sind viele Hektoliter fast,
was du Alkohol geschlabbert hast.

Das führt uns direkt zum Postulat,
dass die Leber mehr drauf hat
als von Experten angenommen.
Alte Ärzte mal ausgenommen,
diese sieht man wirklich selten,
wo alte Trinker fast als Regel gelten.

Es lebe dein Spiritus alcoholicus
bis dich Spiritus sanctus holen muss!
Auf Koma-Saufen und Leberzirrhosen,
Delirium tremens und andere Chosen!

Freie Arztwahl

Es sind Gynäkologen,
den Frauen oft gewogen.
Denn der Anblick dieser Pracht,
hat manchen schon mal schwach gemacht.
So war es auch bei Doktor Schlag,
der diesen Reizen gern erlag,
und hat dann, ungelogen,
die Ehefrau betrogen.

Doch diese hat es prompt erfahren,
dass er mit jener, jung an Jahren,
heimlich hat mit ihr gesündigt,
worauf sie ihm hat angekündigt:
„Die Arztwahl hier ist frei im Land",
und kurzerhand danach verschwand,
und hat ihn auch betrogen,
mit einem Urologen!

Wie „Faust" entstand

Im Keller einst von Auerbach,
da dachte Goethe lange nach,
was er könnt in Gedichten,
dem Volke noch berichten.

Doch wurd' sein Denken jäh gestört,
am Nebentisch, wie unerhört,
gestärkt vom vielen Saufen,
begannen sie zu raufen.

Der Meister sah es gleich genau,
der Grund war eine junge Frau,
die hatte schöne Titten,
um welche beide stritten.

Die Faust schon hart der Erste ballt,
ein Schlag und der Getroff`ne lallt:
„Ich gebe auf, weil mir es graust,
vor jedem Schlag mit dieser Faust!"

Und dieser Satz, der war der Grund,
nicht etwa der besagte Hund,
dass Goethe schnell nach Hause saust
und dichtete darauf den „Faust".

Frauen-Pauer

Grad jeder hebt jetzt seine Pfote
und gibt den Senf zur Frauenquote.
Noch zeigt ein grüner Ampelmann,
dass jede und jeder gehen kann!

Auch die Frau darf heut´ erst geh´n,
kann sie das Ampelmännchen seh´n!
Das jagt auf die Palme die Emanzen,
denn nach einem Mann zu tanzen,
das ist für sie zu viel des Guten,
und keiner Frau mehr zuzumuten.

Die Folgerung sie ist, genau:
Die Extra-Ampel für die Frau.
Weibliche Wesen nun glücklich gehen,
wenn sie das Ampelweibchen sehen.
Doppelampeln zeigen dann,
wann darf Frau und wann der Mann.
Natürlich sind für Paare
solche Ampeln nicht das Wahre.
Frau kriegt Grün und darf nun geh´n,
den Mann den lässt sie einfach steh´n.
Nun könnt´ man programmieren schon,
die Ampelphasen stets synchron.

Das beschleunigt den Verkehr,
doch stört es die Emanzen sehr,
sie wollen einfach nicht mehr seh´n,
dass Mann und Weib gemeinsam geh´n!
Also wird niemals funktionieren
das synchrone Programmieren.

Bald wird dann in der Zeitung stehen,
ein schlimmer Unfall sei geschehen
als bei Ampelweibchen-Grün
ein Mann, in höchstem Maße kühn,
sich daran gar nicht störte
und die Straße überquerte.

Kaum ist drüben der tolldreiste Bengel,
stürzt sich ein Dutzend Racheengel
auf ihn mit wildem Gekreisch,
entblößt ihn bis auf´s nackte Fleisch.
Nur mühsam gerettet aus dem Gefecht
bleibt ihm sein verbeultes Gemächt.

Es schlägt dem Fass die Krone in´s Gesicht,
Frauen-Pauer zerrt ihn dann vor Gericht:
Er habe öffentliches Ärgernis erregt,
als sein Glied sich unsittlich bewegt!
Man verpasste ihm zur Belehrung
sechs Monate ohne Bewährung.

Konsequent gedacht macht das Urteil Sinn,
war doch der Richter eine Richterin!

Weihnachtsbräuche

Dumm ist, dass die Weihnachtsbräuche,
schädlich sind für alle Bäuche.
Denn die vielen Leckereien
aus den Weihnachtsbäckereien,
auf dem hübsch gedeckten Tisch,
sind halt zu verführerisch.

Diese leck´ren Süßigkeiten
stets zum Naschen uns verleiten.
All den herrlichen Genüssen
von Stollen, Plätzchen und auch Nüssen,
kann man schwerlich widerstehen,
die Wirkung ist dann bald zu sehen.

Denn es formen diese Düfte
rundlich bald den Bauch und Hüfte.
Man verdeckt die Rettungsstreifen,
trägt ein Hemd mit langen Streifen.
Immer enger wird die Hose,
die Waage – die erbarmungslose –

wird nur heimlich noch erklommen,
denn man hat stark zugenommen.
Jedes Jahr das gleiche Spiel,
die Kalorien sind zu viel.
Doch lasst euch diese Wahrheit sagen:
„Es liegt nicht an den Feiertagen,

nicht zwischen Weihnacht und Sylvester
wird Dein Bäuchlein rund und fester.
Der Grund – er ist wohl sonnenklar,
du isst zu viel das ganze Jahr."

Die Moral von der Geschicht´:
Es vermehrt sich dein Gewicht,
leider über `s ganze Jahr,
nicht zwischen Weihnacht und Neujahr!

Kutteln

Kutteln – zubereitet sauer,
machen Freude nur auf Dauer,
füllst du dir davon den Ranzen,
nicht zu voll mit diesem Pansen.
Denn der Magen von der Kuh,
raubt des Nachts dir sonst die Ruh.
Statt am Schlaf dich zu beglücken,
quält dich dann das Magendrücken.

Der Genuss kommt dich dann teuer,
denn du wirst zum Wiederkäuer.
Schluckauf plagt dich viele Stund´,
es sammelt sich in deinem Mund
der fein gekaute Kuttelbrei,
Erlösung sehnst du dir herbei.

Verärgert springst du aus dem Bette,
schnell ins Bad zu der Toilette,
steckst in den Rachen deinen Finger,
und schon fallen diese Dinger
als verändertes Gericht,
plätschernd dir aus dem Gesicht.

Lieber Freund drum rat ich dir,
zügle Deine Lust und Gier,
nur so hast du Hochgenuss
und du kannst zum guten Schluss
nach Verzehr von sauren Kutteln,
deine Liebste auch noch knuddeln.

Müll-Mann

Unsere Welt ist ungerecht.
Den Frauen geht´s (vermeintlich) schlecht.
Da wundert nicht, dass seit Jahrzehnten
sie sich stets als Putzfrau wähnten.
Doch die Wirklichkeit, das ist das Tolle,
zeigt die Damen in anderer Rolle!

Denn in den Augen mancher Frau
taugt der Mann – na klar, genau –
mal eben zum Gemüse putzen.
Außerdem ist er von Nutzen,
das bleibt keiner Frau verborgen,
beim korrekten Müllentsorgen.

Wertstoffe vom Hausmüll trennen,
zum Papiercontainer rennen,
Mülleimer und Tonnen waschen,
sammeln all der leeren Flaschen,
überdies macht ´s großen Spaß
nach Farb´ zu trennen Glas um Glas.

Und so klopft der Mann mit Wonne
Müll nur in die rechte Tonne.
Er überwacht mit ernster Miene
auch alle Müllabfuhr-Termine.
Die Tonne holt geleert zurück
der brave Mann schier irr vor Glück.

Für die Damen längst bewiesen ist,
den Mann stimulieren Müll und Mist!
Doch reduziert auf Dreck und Reste,
bedeutet das Verzicht auf´s Beste!
Wenn er dürfte wie er könnte,
zeigte er noch mehr Talönte!

Mann könnte, außer Müll in Tonnen drücken,
orgiastisch manche Frau beglücken!
Um als Fazit zusammen zu fassen:
Kommt Wollen zum Können, sollt´ man ihn Dürfen
lassen!

Matjes-Schicksal

Im frühen Sommer jeder Jahrung
gibt ´s hierzulande gerne Harung.
Ob ´s Bückling oder Rollmops sei,
das ist partout nicht einerlei.

Denn was der Mensch hier kaut,
ist sexuell ganz unversaut,
weil es sich um Matjes dreht,
der von Sex noch nichts versteht.

Und auch in vielen Jahren
wird er nichts davon erfahren.
Das ist sein Problemchen eben,
denn dazu müsst´ er länger leben.

Andrerseits auch nie erfahrt
der Matjes, was er sich erspart,
denn mit dem anderen Geschlecht
das klappt doch oft nicht recht.

Aber, wenn Kartoffeln dampfen
und die Menschen lustvoll mampfen,
wenn die Soß´ nach Hausfrau´nart
Apfel, Sahne, Zwiebel paart,

dann fühlt auch der Matjes richtig:
Hier ist gut sein, hier bin ich wichtig,
ich geb´ dem Eintopfleben Licht,
was ist da schon der Sexverzicht!

Diät ist Mord am ungegessenen Knödel

Den ganzen Sommer rumgesessen,
und wieder mal zu viel gefressen.
Geplant war, dass der Winterspeck,
muss in diesem Sommer weg.

Leider gab es in Italien,
reichlich leckere Fressalien.
Frankreich, Schweiz und schwarzer Wald,
gutes Essen – Bier schön kalt.
Ach wie soll man da gesunden,
nicht ein Gramm ist da verschwunden,
statt im Wald täglich zu joggen,
tat man bei der Brotzeit hocken.

Mancherlei hat man versucht,
innerlich dabei geflucht.
Täglich spülte man den Darm,
mit einem Einlauf – nicht zu warm.
Glaubersalz und andre Pillen,
schluckte man mit Widerwillen,
und man hat auch – zwar verkrampft,
Sojawurst und Quark gemampft.

So hat man sich umsonst geschunden,
es blieb bei den zu vielen Pfunden.
Die Moral von der Geschicht´:
Klappt´s mit den Diäten nicht,
verzichte auf den Kampf ums Pfund,
Hauptsache du bist gesund.

Politikverdrossen...

Mensch, du unterscheidest dich von Tieren.
Du gehst nicht mehr auf allen vieren.
Du urteilst nicht mehr nach Gerüchen,
du hältst viel mehr von eitlen Sprüchen.

Stets bist du gedankenschwer,
sagst du, doch ach wie leer
sind die Hülsen deiner Wertenormen
von Subventionsabbau und von Reformen.
Früher noch hast du gehandelt -
von Proporzen unverbandelt –
geradeaus, brutal, doch fair.
Heute aber geht´s nicht mehr,

heute wird herumgeeiert,
getrickst, getäuscht und auch verschleiert.
Keiner will die Wahrheit sagen.
Das Volk, es könnte sie vertragen.

Mensch, warum nur immer lügen,
mit frommen Sprüchen uns betrügen,
warum mit Ungewissheit quälen,
jene, die dich sollen wählen?

Da lob ich mir dann doch das Tier:
Es zeigt auch ohne Worte dir,
ob es dich mag und dir vertraut,
da (-Schwein verzeih-) noch un-versaut!

Philosophie

Die Gelehrten und die Pfaffen,
waren streitbar stets dabei,
was war wohl zuerst erschaffen?
War`s das Huhn oder das Ei?
Das Huhn war zuerst auf der Welt,
das ist doch sonnenklar!
Ein Ei man nur vom Huhn erhält,
womit `s bewiesen war.
Oh nein, da war zuerst das Ei,
so sprachen die Pastoren,
denn daraus ist doch zweifelsfrei,
das erste Huhn geboren.

Was soll nur dieser ew`ge Streit,
da rümpf ich nur die Nase.
Als erster, da war ich bereit,
sprach da der Osterhase.
Ich habe beides euch gebracht,
doch bleibt es euch verborgen,
die Reihenfolge jener Nacht,
drum macht euch weiter Sorgen!

Wenn einer stirbt

Wenn einer stirbt, dann freu`n sich die Verwandten,
wenn sie schon vorher seine Erbschaft kannten.
Gesenkten Hauptes trägt man ihn zu Grabe,
doch in Gedanken teilt man schon die Habe.

Wenn einer stirbt, dann wird am Grab gelogen,
man war ihm stets verbunden und gewogen.
In Wahrheit konnten viele ihn nicht leiden,
drum wird man ohne Trauer von ihm scheiden.

Wenn einer stirbt, verlässt er sein Zuhause,
und kurz danach beginnt beim Leichenschmause,
der Streit um Hab und Gut nebst Möbel,
dann offenbart sich der Verwandtschaft Pöbel.

Wenn einer stirbt, legt sich zur letzten Ruhe,
lasst bitte bleiben weinerlich Getue,
verbeugt in Ehrfurcht euch vor jenem Toten,
denn Anstand ist in diesem Fall geboten.

Drum prüfe...

Schon Schiller rät in seiner „Glocke“:
verlieb dich nicht in jede Locke,
die schmeichelt um ein schön` Gesicht.
Oftmals hielt das Mädchen nicht,
was das Antlitz hold versprach,
und das große Glück zerbrach.

Heute hört man alleweil
den Spruch vom Geiz, der sei so geil.
Dieser soll uns suggerieren:
„Nimm mich nur, bloß nicht genieren,

wo ich doch grad so billig bin!“
Nur billig, scheint es, macht heut´ Sinn.
Was ist nun billig, was ist teuer?
Auf Schönheit gibt’s (noch) keine Steuer.

Der Schwabe weiß seit eh und je:
„A scheenes Weib frisst au et meh.“
Das rüttelt and´re Schwaben wach:
„Schee wird wüscht, doch Sach´ bleibt Sach´!“

Die Wahl ist schwer und von Belang:
„Der Wahn ist kurz und die Reue lang!“
Drum prüfe, wer sich ewig bindet,
ob sich nicht was Bessres findet.

Da gibt’s für Männer keinen Geiz.
Sie folgen triebhaft jedem Reiz

bis endlich, endlich sie gewählt.
Sie haben sich dann doch verzählt.

Zu spät ist ihnen aufgegangen
sie haben nicht, sie sind gefangen!
Die Prüfung und die ganze Hatz
waren letztlich für die Katz,
bevor er´s merkt, hat sie gecheckt
wer als Ehemann ihr schmeckt.

Raffiniert die Taktik mit Täuschen und Tarnen,
mal spröde, mal schmeichelnd süßes Umgarnen.
Der Mann dreht durch: „Oh, dass ich dich krieg!"
Sie lässt sich erobern, denn ihr ist der Sieg!
Doch Zeit heilt Wunden und Ungemach,
meist kommt ja auch nichts Besseres nach.

Wenn die letzten Blätter fallen

Wenn im Herbst wird kalt das Wetter
fallen ab die letzten Blätter,
und die Nebel ziehen leise
durch des Waldes dunkle Schneise.

Schnee und Kälte kommen bald,
die Gefühle werden kalt.
Doch man kann sich dem entzieh`n,
erstens, in den Süden flieh`n,

zweitens wärmt man sich im Bett,
drittens geht ins Kabarett,
wo man schnell wird aufgewärmt
und von schönen Dingen schwärmt.

An diesem Ort ist warm das Wetter,
und es fallen hier auch Blätter.
Genau betrachtet ist`s die Hülle,
die verdeckt die Leibesfülle.

Fällt sie, zeigt sich die Figur,
oh wie schön ist die Natur.
Herbst im Wald, ja der ist billig,
und die Damen wären willig,

doch ist `s manchem nicht geheuer,
er bucht `s ab als Abenteuer.
So bleibt ihm allein der Traum,
und leise fällt das Blatt vom Baum.

Die Dame ohne Unterleib

Die Dame ohne Unterleib
ist weit bekannt als Rasseweib,
das jedes Jahr zum Frühlingsfest
von ihrem Körper sehen lässt

nur Kopf und Hals und auch die Brüste.
Das Publikum zu gern wüsste,
wie es danach weiter geht:
Ob sie auf eig´nen Beinen steht?

Als nächste Frage stellt sich auch:
Hat sie oder hat sie keinen Bauch?
Doch alles bleibt im Ungewissen,
nur die Eingeweihten wissen,

die Dame ist ´ne Attraktion.
Und nur gegen hohen Lohn
zeigt dem Kunden sie im Zimmer
bei der Lampen rotem Schimmer,

dass ihre Technik zwar kurios,
aber das Zartgefühl grandios.
Weit gerühmt wird ihre Kunst,
doch erfährt nicht jeder ihre Gunst.

Sind aber schmerzende Hämorrhoiden
zum großen Übel dir beschieden,
dann schau, dass du für ´s Frühlingsfest
den Termin bei ihr du buchen lässt.

Herrlichen Unterleib, schönen Bauch -
hat Schwester Klara auch!

Der Beipackzettel

Habe Schmerzen im Rücken,
beim Stehen, beim Bücken.
Mach beim Arzt den Termin
und geh dann auch hin.

Behorcht, beklopft, befragt,
um zu finden, was denn so plagt.
„Ja, ich glaub das könnt es sein,
nun nehmen Sie mal ein

von diesen Pillen hier
jeweils eine gegen vier
und zwei von jenen um halb acht,
damit komm´ Se durch die Nacht."

Froh, ob der schnellen Diagnose
zieh ich wieder hoch die Hose
und eile schnell von dannen,
den argen Schmerz zu bannen.

Zu Hause lese ich im Sitzen,
was denn diese Pharmafritzen
auf den Beipackzettel drucken.
Ui, da muss ich kräftig schlucken.

Was ich nun lese, ist der Wahn,
mit Gedächtnisstörung fängt es an,
das Mittel macht auch Depressionen,
oder Halluzinationen.

Schwindel und Benommenheit,
Durchfall, Angst und Übelkeit,
und – ich hab es fast gewusst –
es nimmt zum Sex dir auch die Lust.

Die Lust zum Selbstmord aber steigt,
wie der Beipackzettel zeigt.
Dabei, und das verwundert ganz,
geht´s um ein Muskel-Relaxans.

Die Schmerztablette, auch so ´n Fall,
bringt Leberschäden und Haarausfall,
Magengeschwüre, Herzanfälle,
und dazu noch auf die Schnelle

Blähungen und Bluthochdruck,
gestörte Sicht und Darmdurchbruch,
vielleicht Verstopfung und Ödeme,
wenn ich die Tabletten nehme.

Soll eine dritte Pille konsumieren,
um Magensäfte zu reduzieren.
Das schlimmste, dacht ich, sei vorbei
und les nun Beipackzettel drei.

Ach, das hatten wir ja schon,
hier krieg ich auch ´ne Depression,
Juckreiz und den Hautausschlag,
Durchfall, Schwindel – was man mag.

Und wär´ zur Liebe ich bereit,
da geht nix, denn Müdigkeit,
plus Kopf- und Magenschmerzen
werden mir den Spaß verscherzen.

Nachdem die Auswahl ich gelesen,
war ganz plötzlich ich genesen.
Kann mit Vorsicht mich bewegen,
und zwar ohne Pillensegen!

Erlkönig

Wo ist mein Schlüssel – sag an mein Kind,
schon lange ich suche und ihn nicht find`,
ich hatte ihn eben noch unter `m Arm,
da überfiel mich abrupt ein Mückenschwarm,
die stachen mich heftig, auch ins Gesicht,
siehst Du die roten Beulen denn nicht?

Mein Vater, mein Vater es war`n nicht die Mücken,
Du wolltest nach dem Schlüssel dich bücken.
Und plötzlich, von Bier und Alkohol,
wurd` es Dir schwindlig, Dein Kopf war ganz hohl,
Du konntest nur noch „verdammt noch mal" lallen,
ins Beet mit den Brennnesseln bist Du gefallen.

Drum kommst Du nach Hause bei Nacht und Wind,
kannst nichts mehr sehen vom Rausch gänzlich blind,
dann musst Du laut rufen – vergiss deinen Stolz,
empfängt auch die Frau dich mit ´m Nudelholz.

Kosmetische Chirurgie

Lang ist`s her, da waren Falten,
Würdezeichen für die Alten.
Sieht man diese heut´ im Spiegel,
greift man gleich zum Salbentiegel,
denn die Kosmetikindustrie,
ist erfinderisch wie nie.

Ja sie tut sich nicht mal schämen,
versprechen, dass die teuren Cremen
diese Falten wieder glätten,
alles Lüge, woll`n wir wetten?
Die Industrie wird dadurch reich,
die Falten aber bleiben gleich.

Es helfen dann nur and`re Mittel,
ein Chirurg mit Doktortitel,
welcher Schönheitschirurgie
praktiziert von Kopf bis Knie.
Der beseitigt dir dann schnell,
deine Macken mit Skalpell.

Hängt der Arsch herab in Falten,
du kannst kaum den Stuhlgang halten,
greift er rücksichtslos zum Messer,
in der Hoffnung es wird besser.

Er stürzt sich mit besond`rer Lust
auf die Falten deiner Brust.
Glättet sie mit Implantaten,
die dein Alter nicht verraten.
So wirst du dann trotz siebzig Jahr,
über Nacht zum Busenstar.

Wenn Hungerkuren nichts mehr taugen,
versucht er es mit Fettabsaugen,
korrigiert so mancher Schlampe,
ihre angefress´ne Wampe.

Mancher Mann im Alter hat`se,
wenig attraktiv – die Glatze.
Für Chancen bei der Damenwelt,
lässt er sich für reichlich Geld,

Haare von der Brust verpflanzen,
damit klappen die Romanzen.
Er sieht zwar aus wie Berlusconi,
vielleicht gefällt `s ja einer Vroni.

Tränensäcke an den Augen,
zur Verschönerung auch taugen.
Dumm nur wenn es nicht gelingt,
weil es gleich ins Auge springt.

Das alles dauert ein paar Jahre,
kaum fertig, liegst Du auf der Bahre.
Du bist dann eine schöne Leich´,
und der Chirurg – dank Dir – auch reich!

Wellnäss-Hotel

Wer nässt denn so well
im Senioren-Hotel,
macht sich fit für die Urnen
mit mancherlei Turnen?

Menschen sind ´s wie du und ich,
mal würdevoll, mal lächerlich,
doch die Chance auf Sex in späten Jahren
bringt den Kick auch greisen Paaren.

Da ist die unglaublich schrille
Schlunzelmann-Sibille,
die den Gärtner verscheucht
und mit dem Manager keucht.

Und der Kuhfladen-Django,
dem beim lustvollen Tango
mit Ludmilla der Tollen
die Nüsse anschwollen.

Es sind Lene aus Meppen,
mit Friedmann dem Deppen,
die um Achmed den Schwulen
aussichtslos buhlen.

Immer auch die Linda Strobel,
stets tut sie kühl und nobel.
Aber dann im Saunaschweiß
treibt sie ´s mit Armin Keucher heiß.

Dann ist da noch Herr Hutzelmann,
der's wahrhaftig nicht mehr kann.
Liegt auf der Hilde und weiß nicht warum,
er mag das zwar sehr, aber sie findet 's dumm.

Es ist toll wie diese Alten
ihren Ruhestand gestalten.
Und wird wieder einer rausgetragen,
weggefahren im schwarzen Wagen,
so hatt' bis dahin jeder Spaß,
und: Pharisäer beißen auch in's Gras!

Schnellimbiss

Lass zum Schnellimbiss uns fahren,
reichlich essen und noch sparen.
Das Beste ist man kann im Wagen
nach den Angeboten fragen.
Muss dabei nicht mal aussteigen
und seinen fetten Ranzen zeigen.

Dann beginnt der Auswahl Not,
groß ist heut das Angebot.
Sonderpreise, über zwanzig,
Du riechst das Fett, schon etwas ranzig,
aus dem Küchenlüftungsschacht,
welches richtig Hunger macht.

Am besten heut ist der Big Mäc,
er erfüllt den Nahrungszweck.
Kalorien auf kleinstem Raum,
super billig – welch ein Traum.
Der Magen nach dem Monstrum giert,
Leckeres ist draufgeschmiert.

Eine Schicht mit Mayonnaise,
darauf liegt ein fetter Käse.
Fleisch mit Speck als nächste Schicht,
das muss sein, sonst schmeckt es nicht.
Ketchup, das darf auch nicht fehlen,
denn nur Kalorien zählen.

Diese Masse süß und weichlich
spendet davon mehr als reichlich.
Als Alibi, nicht zum Genuss,
kommt oben drauf dann noch zum Schluss,
ein Blatt Salat – ganz exemplarisch
denn man isst auch vegetarisch.

Jetzt wird das Maul weit aufgerissen,
man genießt den ersten Bissen
und zwischen dieser ganzen Gier
gibst jedes Mal ein Schlückchen Bier.
Oh, da wird's der Leber wohl
bei so viel Fett und Alkohol.

Und es steigt ganz stark im Blut
Cholesterin – ja das ist gut.
Ist dann alles aufgegessen,
ist man regelrecht versessen
auf das wunderbare Mahl,
und freut sich auf das nächste Mal.

Notdurft-Elegie

Manch einer, der zu früh sich freute,
am Ende es recht schwer bereute!
So einer, der am Sonntag froh
meldet, er sei weg vom Klo,
und der dann träumt von Besserung
bei der Darm-Entwässerung.

Im Gekröse hat es wüst gekracht,
den Armen um den Schlaf gebracht.
Die Hinterbacken fest verschlossen,
ist er durch das Haus geschossen
Schweiß auf der Stirn
und eins nur im Hirn:

„Muss alle Kraft zusammenraffen
und es auf die Schüssel schaffen,
um größ´res Unglück zu verhindern,
und den Druck im Leib zu lindern!"

Es ging weiter zum Wochenbeginn,
damit war auch der Montag hin.
Dienstag sieht´s nicht besser aus,
Dünnschiss ist fürwahr ein Graus!

Drum melde ich dem Medicus:
Im Darm sitzt noch so mancher Schuss!
Weil ich schon wieder laufen muss,
ist jetzt mit dem Reimen Schluss!

Zeitlustreise

Die Menschheit ist seit langer Zeit,
`ne Reise durch die Lustbarkeit.
Obwohl die Eiszeit war sehr eisig,
war beim Liebesspiel man fleißig.
Man fragt sich heut bei kalter Nacht,
wie haben die es bloß gemacht?

Auf Bärenfell am Lagerfeuer,
und draußen lauern Ungeheuer.
Erfolgreich ward die Frau geworben,
sonst wär` die Menschheit ausgestorben.

Es kannten einst im Mittelalter,
die Frauen keinen Büstenhalter.
Die Mode hat das wohl bedacht,
denn wollte man zur guten Nacht

an diesen wunderschönen Teilen
vorm Schlaf ein wenig noch verweilen,
hätt´ den Verschluss man nicht gefunden,
versäumte deshalb schöne Stunden,
denn den Öffner fand man nicht -
damals gab es noch kein Licht.

Schon allein des Reimes wegen,
war die Epoche sehr verwegen.
Denn es reimt sich gut auf Gotik
zweifellos das Wort Erotik.
Nach oben strebten alle Sinne,
das beflügelte die Minne.

Lustvoll war`s dann im Barock,
man entfernte Draht und Rock,
nahm herunter die Perücke,
auf dass am Spiel man sich beglücke.

Die Renaissance war auch frivol.
Bei Kerzenschein und Alkohol
ward mancher Rock ganz kess gehoben,
um Verstecktes zu erproben.

Am schönsten war das Liebesspiel,
wohl zur Zeit des Jugendstil.
Verspielte Kurven – runde Form,
steigerten die Lust enorm.
Bei schönen Farben – warmem Licht,
war man auf Sinnlichkeit erpicht.

Wer denkt zur Zeit des Biedermeier,
suchte man nur Ostereier,
der täuscht sich, denn man suchte diese
das ganze Jahr – nicht auf der Wiese,
die Damen kannten das Versteck,
und holten diese vor ganz keck,
entledigten sich ihrer Mieder,
ja diese Zeit war gar nicht bieder.

Heut´ in Zeiten der Moderne,
pflegt die Lust man auch sehr gerne.
So wie seit Millionen Jahren
tat diese Freude man bewahren.
Was lehrt uns die Geschichte draus?
„Die Menschheit sie stirbt niemals aus!"

Global-Menü

Packt dich Lust auf Chicken Wing,
gehst du gern zum Burger King.
Schnell bestellt sind Cannelloni
ganz easy jetzt beim Pizza-Toni.
Vergessen ist der Wienerwald,
der Hit ist heute McDonald.

Bei Tüten voll mit geilem Döner,
wird der Sex vielleicht noch schöner.
Moussaka, Feta, dann viel Ouzo,
ja da singt man wie Caruso.
Kentucky „fried" uns seine Chicken,
Fast Food tut uns sehr erquicken.

Sushi-Fisch, ganz klein und roh,
macht nun auch die Deutschen froh.
Ganz indisch wird das Potpourri
mit Naan-Brot und mit Tandoori.
Und vielerorts gibt´s Allerlei,
aus Leipzig nicht, sondern vom Thai.

Beinahe hätte ich vergessen,
dass wir ja auch Chinesisch essen.
Und Opa kaut vom Rest der Rente
genüsslich an der Peking-Ente.
Man schafft ´s aus aller Welt herbei,
von den Briten ist gar nichts dabei.

Usus ist, wenn Deutsche reisen,
dass sie im Ausland Schnitzel speisen,
und Brezeln selbst in Montreal.
Da sieht man mal, wir sind global!

Fragt man aber einen Schwaben,
was möchte er denn gerne haben:
„I wünsch mir von mei´m Schätzle
Linse, Soite, Spätzle!"

Sauna

Man kann beim Joggen sich erhitzen
oder in der Sauna schwitzen.
Den Einen zieht´s in die Natur,
der Andere pflegt Nacktkultur.

Problemlos ist `s für schöne Weiber,
sie haben makellose Leiber.
Auch einen sportlich jungen Mann,
schaut man entblößt sich gerne an.

Doch leider ist `s auf dieser Welt,
mit Schönheit ungerecht bestellt.
Kaum ist man ausgezogen nackt,
man schnell das große Handtuch packt,

um seine Blöße zu bedecken,
und diese Kilos zu verstecken.
Dann fasst man allen Mut zusammen,
stellt seinen Leib, den dicken, strammen,

mutig zuerst auf die Waage,
denn das ist zum Schluss die Frage,
wie viel hat man abgeschwitzt,
dabei schaut man ganz verschmitzt,

dass keiner auf die Waage blickt
und ob der hohen Zahl erschrickt.
So, jetzt ist man vorbereitet,
und zum Saunaraum man schreitet.

Teils liegen und teils sitzen sie,
der Bauch fällt manchem übers Knie.
Gäb `s anatomisch keine Brüste,
bei manchem Gast man gar nicht wüsste,

ist `s ´ne Frau oder ein Mann,
weil man gar nicht sehen kann,
was typisch ist für sein Geschlecht,
ob Venushügel – ob Gemächt,

denn die vielen Kilogramm
verraten schwer, ob Frau ob Mann.
So schwitzt man dann so manchen Gang,
überall perlt Schweiß entlang,

dann Wechselbäder warm und kalt,
freut sich, denn man darf ja bald,
das verlorene Gewicht,
ersetzen durch sein Leibgericht!

Klingeling

Ist Mann bereit und in der Lage
und hat noch Sex so manche Tage,
gibt das dem Rentenalter Sinn,
ist für die Beziehung ein Gewinn.

Auf einmal endet das bisschen Glück!
Im Hospital, auf der Erde zurück,
stürzt unverhofft 'ne schlimme Diagnose
den Rentner tief ins Hodenlose.

So erging es Eugen Rüsse,
dem der Chirurg nahm beide Nüsse.
Nun war die Frage, was man packt
in den leeren Hodensack.

Die Idee der kleinen goldenen Schelle
kam dem Arzt gedankenschnelle.
So ließ sich wirklich schick gestalten
der Beutel prall und ohne Falten.

Eugen´s Frau, die Margarethe,
wundert sich von früh bis späte.
Sie weiß nicht, was soll das bedeuten:
Sieht die Glöckchen nicht, hört ´s aber läuten!

Aufklärung tut not!

(Inspiriert durch Uli Stein)

Papa Schwein fasst den Entschluss,
dass sein Sohn nun wissen muss,
und erklären will er ´s ganz genau,
was macht der Eber mit der Sau.

Gewaltig treibt ´s den Papa um,
dem Sohn des Lebens Mysterium,
also die Zeugung, klar zu machen,
wo kommen die Ferkel her und solche Sachen.

Der Sohn, der findet ´s richtig gut,
setzt sich hin und wartet,
der Papa schnauft und macht sich Mut,
und also gleich er startet.

„Den Papa nennt man Eber, die Mama eine Sau.
Der Ringelschwanz hinten wächst beiden genau.
Wie du noch einen Zipfel haben die einen,
die männlichen Tiere, weibliche haben keinen."

„Ui!", sagt da der smarte Kleine",
„sind das denn keine echten Schweine?"
„Doch, jetzt hör auf mich nervös zu machen,
bin ja dabei dir alles klar zu machen!"

„Also, Bub, die haben - ohne Witz -
statt des Zipfels einen Schlitz.

Ähm!
Und aus Plastik sind sie oder aus Ton gebrannt,
„Sparschweine" werden sie genannt.
Sie können einfarbig sein oder bunt,
mal schlank oder auch pummelig rund…"

Oh, Mann! denkt Papa, ich krieg die Kurve nicht,
und weiß doch, es ist meine Pflicht,
dem Buben mal präzis´ zu sagen,
was ist verboten, was darf er wagen;
wie geht das nun mit Eber und Sau,
wozu braucht es eigentlich Mann und Frau.

Der Kleine sagt darauf zum Vater:
„Du taugst nicht zum Sex-Berater!
Eine bunt bemalte hatte ich schon,
aus Plastik noch keine, keine aus Ton.
Jetzt sag nix, für mich ist ´s der Gipfel,
find ich den Schlitz für meinen Zipfel!"

Den Vater haut ´s um, sein Sohn ist ein Schwein,
das Leben ist oft so richtig gemein.
Als Autorität wurde Papa entmachtet,
das war letztlich egal, man hat sie beide geschlachtet.

Früher

Ja früher lebtest Du bequem,
da kanntest Du nicht das Problem!

Auf dem Kopf gab ´s einst viel Haar,
heut´ sind diese Singular.
Bald gibt `s nur noch die Glatze,
doch gräm´ Dich nicht – Mann hat `se.

Ja früher lebtest Du bequem,
da kanntest Du nicht das Problem.

Im Alter kommt auf jeden Fall,
verschieden stark der Haarausfall.
Doch nur wer seine Glatze föhnt,
hat mit dem Schicksal sich versöhnt.

Ja früher lebtest Du bequem,
da kanntest Du nicht das Problem.

Du lebst im Herbst, vorbei der Lenz,
vermindert ist auch die Potenz,
statt Flirt mit jungen netten Frauen,
muss ein Glas Rotwein Dich erbauen.

Ja früher lebtest Du bequem,
da kanntest Du nicht das Problem.

Das Urinieren wird zur Qual,
weil dünn und spärlich ist dein Strahl,
die Prostata ist dick und groß,
und mancher Tropfen nässt die Hos`.

Ja früher lebtest Du bequem,
da kanntest Du nicht das Problem.

Auch will der Stuhlgang nicht recht glücken,
trotz Abführpillen musst du drücken.
Viel Zeit man auf dem Klo verbringt,
und freut sich, wenn das Werk gelingt.

Ja früher lebtest Du bequem,
da kanntest Du nicht das Problem.

Die Zähne, es sind schon die Dritten,
musst Du mit Kukident fest kitten,
doch wenn Du hättest kein Gebiss,
wär`s noch viel schlimmer – ganz gewiss!

Ja früher lebtest Du bequem,
da kanntest Du nicht das Problem.

Lass Dir das Leben nicht verleiten,
das Alter hat auch schöne Seiten.
Wenn Jugendliche manchmal schwächeln,
lässt dich die Altersweisheit lächeln.

So lebst du dennoch ganz bequem,
weil dir egal manches Problem!

Midlife Crisis

(Angeregt durch Rainhard Fendrich)

Es glaubt so mancher arme Tropf,
dass attraktiv ihn macht ein Zopf,
doch braucht das Haar zum Wachsen Kraft,
entzieht dem Hirn den letzten Saft.

Wenn das kein Beweis is
für die Midlife Crisis!

Trägt er dazu `ne Künstlermähne,
färbt sich das Haar mit blonder Strähne,
versucht auch noch mit schicken Kleidern
die Attraktivität zu steigern.

Wenn das kein Beweis is´
für die Midlife Crisis!

Wird der Haarausfall zum Stress,
wählt er etwas mehr PS.
Dann träumt er schon, dass er erforsche
die Weiblichkeit in seinem Porsche.

Wenn das kein Beweis is´
für die Midlife Crisis!

Wenn Männern in den Hosen lahmen,
dann gehen sie zu losen Damen
und spielen dort den großen Held,
vorausgesetzt man hat viel Geld.

Wenn das kein Beweis is´
für die Midlife Crisis!

Genauso ist es bei den Damen,
die fallen dann auch aus dem Rahmen,
mit Gelatin und Botoxspritzen
straffen sie der Brüste Spitzen.

Wenn das kein Beweis is´
für die Midlife Crisis!

Der BH kann die Form nicht halten,
der Körper legt sich auch in Falten.
Sie versucht mit Implantaten
das Alter nicht gleich zu verraten.

Wenn das kein Beweis is´
für die Midlife Crisis!

Wenn sie durch die Cellulitis
schönheitlich nicht mehr ganz fit is´,
rennt sie täglich dann zum Sport.
Orangenhaut geht so nicht fort.

Wenn das kein Beweis is´
für die Midlife Crisis!

Kann denn Sünde Sünde sein?

Kann die Sünde Sünde sein?
Die klare Antwort lautet: Nein!
Schließlich gibt es gute Gründe
zu bestreiten, es gäb´ die Sünde.

Vom Rauben und vom Töten
will ich hier nicht flöten.
Mir geht´s auch nicht um Diebesgut,
mir geht es um der Liebe Glut!

Schauen wir auf den „Sündenfall":
Ein Augenschmaus, schön rund und prall –
so steht die Eva vor dem Mann.
Weil der noch nicht erkennen kann,

was auf ihn wartet da an Lust –
langweilt er sich und hat den Frust.
Es geht ihm ab auch jede Neigung
was zu tun zur Nachwuchszeugung.

Als Schlange mit dem Apfel fummelt,
da ham die zwei sich gleich getummelt.
Keiner musst´ es ihnen zeigen,
sie fingen sofort an zu zeugen!

Das Apfel-Essen eine Sünde?
Klar ist, wo ich heute stünde,
hätt´´s diese Sünde nicht gegeben:
Ich würde als Amöbe leben.

Die Natur sie regelt schlau,
dass zum Mann gehört ´ne Frau.
Als die Schöpfung das geplant,
hat sie wohl noch nicht geahnt,
es könnte da Versuchung geben,
ein wenig außer Plan zu leben.

Die einen leben monogam,
und andere sind polygam.
Doch niemand weiß, wie´s dazu kam
und wer die Gliederung vornahm.

Drum sei die Frage hier gestellt,
wer ist berechtigt in der Welt
vorzugeben die Definition:
Was geht durch und was ist Sünde schon.

Willst du fremden Honig saugen,
verberge es vor Nachbar´s Augen.
Das merkt sich leicht, das ist nicht schwer,
das gilt für jede Art Verkehr!

Die Maßstäbe, sie sind verschoben,
Politiker sind Pharisäer, die loben
ernsthaft ihrer Gesetze Segen
bevor sie sich zur Mätresse legen.

Zu jenen, welche Sünde so beklagen,
zu den Pfaffen, will ich nicht viel sagen.
Sie predigen laut vom Sündenbabel
und werden schwach bei jedem Nabel.

Fazit:
Machen solche Gedanken Sinn?
Wer kann, der langt doch sowieso hin!
Und für die Alten lautet natürlich die Frage,
wer ist überhaupt noch in der Lage?!

Ein Hering wollte Hochzeit machen...

Ein Hering wollte Hochzeit machen
mit seiner Braut Clupea;
Sie ließen ´s bei der Feier krachen,
das ärgerte die Lea.

Mit Lea hat er ´s oft getrieben,
wie ´s Heringe so tun,
drum dachte sie, dass sie sich lieben,
das war nicht opportun.

Herings Charakter war schlechter
als die Heringsdame meinte,
denn auch die Annalena mächt er,
was die Lea sehr beweinte.

Zur Hochzeit sagt der Heringspriester
man soll sich ewig lieben;
und fromme Gebete liest er,
so ging das bis halb sieben.

Dann fragt der Pfarrer in die Runde:
„Wer hat etwas dagegen,
dass gemeinsam nun im Bunde
die Beiden ihre Flossen regen?"

„Das ist ein arger Hurenbock",
hört man die Lea sagen,
„der treibt ´s mit jedem Heringsrock,
da kann man alle fragen!

Schaut doch die Matjes hier im Saal,
alle haben, das ist bitter,
es sind Kuckuckskinder ohne Zahl,
ganz verschiedene Mütter!"

Die Trauung wird jäh unterbrochen,
alle zappeln nun im Netz,
nur Hering hat Gefahr gerochen
und sich pfeilschnell abgesetzt!

Hundekot

Jeden Tag vor meinem Haus,
führen Nachbarn Hunde aus.
Los geht`s schon am frühen Morgen,
damit sie ihr Geschäft besorgen.
Schäferhund und Labrador,
alle Arten kommen vor.

Die Herrchen rauchen Zigarette,
die Hunde scheißen um die Wette.
Jeder hebt am Baum die Pfoten,
um sich kräftig zu entkoten.
Sie entleeren ihren Darm,
kiloweise feucht und warm.

Häufchen sich an Haufen reiht,
und so ist dann mit der Zeit,
jeder sieht`s, keiner will`s wissen,
die ganze Landschaft bald verschissen.
Auf der Wiese, in den Gassen,
Kot von allen Hunderassen.

Geh ich raus, kann ich nur beten,
nicht in diesen Scheiß zu treten.
Der Hund, er kann ja nichts dafür,
es fehlt dem Herrchen an Gespür,
der denkt sich bloß – oh, meine Güte,
ich nehm´ doch keine Plastiktüte,
die zur Entsorgung hängt bereit,
es wär ja nur `ne Kleinigkeit.

Ich hätte da eine Idee,
wie wäre es, wenn ich mal geh,
statt zu Haus auf die Toilette,
in ihre Gärten. Ja ich wette,
sähen sie dann diese Haufen,
würden sie die Haare raufen.

Um diese Wirkung zu betonen,
würde es sich sicher lohnen,
viele Freunde mit zu bringen
die Überraschung würd` gelingen,
wenn jeder dann mit großem Fleiß,
hinterlässt dort seinen Scheiß.
Dann würden sie vielleicht mal lernen,
die Hundescheiße zu entfernen!

Missmuts-Kühe I

Zwei Kühe liegen in der Wiese.
Eine heißt Berta, die andre Luise.
Beide wollten Fahrrad fahren,
doch gewarnt vor den Gefahren
ließen sie das schließlich sein.
Jetzt schauen sie verdrießlich drein.

Missmuts-Kühe II

Zwei Kühe liegen in der Wiese.
Und mit Missmut kauen diese
kiloweise grünes Gras,
glänzend und vom Regen nass.
Während diese hier noch kauen,
hört man andre schon verdauen.

Missmuts-Kühe III

Vier Kühe liegen in der Wiese.
Da sagt die eine: „Ich konnt´ diese
Nacht nicht schlafen, mir war iebel,
weil ich aus Verseh´n die Zwiebel
mitgefressen hab´. Ich glaub´ mein Pansen
zerfällt in Fransen!

Pubertät

Beim Kind sorgt die Entwicklungsphase,
nicht gerade für Ekstase.
Begleitet von so manch` Malheur,
ist älter werden oftmals schwer.
Besonders in der Pubertät,
wie ihr im Folgenden nun seht.

Man kann sein Ausseh`n schlecht genießen,
wenn überall die Pickel sprießen,
diese, oft gefüllt mit Eiter,
stimmen Dich bestimmt nicht heiter.
An Kinn und Wange wächst der Flaum,
am Anfang dünn, man sieht ihn kaum,

die Härchen, flauschig und noch zart,
und bald schon wird daraus ein Bart.
Die Stimme sie wird rau und tief,
aus Kinderschweiß wird Achselmief.
Die Haare glänzen leicht von Fett,
man sieht nicht wirklich aus adrett.

Als Kinder noch im Sandkasten,
sich einfach an der Hand fassten,
da gab es keinen Unterschied,
so ahnten nichts von Brust und Glied.
Durch Bildung reift dann das Verständnis,
und beide haben die Erkenntnis,
der Unterschied beider Geschlechter,
ist in Wirklichkeit ein echter.

Die Männlichkeit zeigt was sie kann,
der Knabe, er wird nun zum Mann,
und Gefühle, ganz famose,
keimen in der Unterhose.

Bei Mädchen wölbt sich nun die Brust,
es regt sich zart die erste Lust,
und über Nacht die erste Blutung,
bringt bei ihnen die Vermutung,
dass die Krankheit endet tödlich,
wenn die Unterhose rötlich.

Spät erfährt sie, Gott sei Dank,
dass sie keineswegs ist krank.
Kinder macht euch keine Sorgen,
die Welt sieht anders aus schon Morgen.
Die Großen, heute ganz normal,
die hatten dereinst auch die Qual.
Drum ruhig Blut, die Zeit vergeht,
wie ihr an euern Eltern seht.

Alkohol

So mancher fühlt sich dann erst wohl,
trinkt er zu viel vom Alkohol.
Doch dieses Gift den Mensch enthemmt,
der beste Freund – er wird dir fremd.

So macht er selber sich zum Narr,
der Blick wird hohl – die Augen starr.
Statt stehen kann er nur noch wanken,
im Kreise dreh`n sich die Gedanken.

Worte, die den Mund verlassen,
zu diesem Menschen nicht mehr passen.
Er redet wirr und wird vulgär,
dies zu verstehen fällt mir schwer.

Nach der ersten Flasche Sekt,
sind Probleme zugedeckt.
Mittelpunkt möcht´ er gern sein,
unterstützt von Schnaps und Wein,
doch leider ist das arme Schwein,
dann letzten Endes ganz allein.

Ein zauberhafter Tag...

Ein zauberhafter Tag.
Ein Tag wie ich ihn mag.
Ein reifes, sehr verliebtes Pärchen.
Es war beinah´ wie im Märchen.

Mit „Berühr´ mich!" fing es an.
„Komm her und treib mich an!
Sei nicht so brav,
raub mir den Schlaf!

Zeig mir das Wilde,
zerstör meine Schilde,
entführe mein Herz,
vergiss meinen Schmerz!

Schau nicht zurück,
teile mein Glück!
Ich lebe durch Dich,
so erobere mich!

Küss´ mich, dass mir der Atem stockt,
und sag mir endlich, wer auf dem Klo so lang hockt!"

Stanislaus

Wer stolpert so spät ins Freudenhaus?
Es ist der betrunkene Stanislaus,
vom Regen ist er triefend nass,
auch denkt er sich, da geht noch was!

Der Puffmutter kommt er grade recht,
das Geschäft lief heut´ besonders schlecht.
„Mach dir´s bequem, wir zieh´n dich aus",
so sprach die Chefin zum Stanislaus.

„Was du auch willst, ich mach´s mit dir!
Oh, Stanislaus, komm spiel mit mir!"
So spricht Marlene und um ihn zu locken,
berühren ihn sanft ihre prächtigen Glocken.
Er verdreht die Augen und atmet schwer,
süßes Parfüm betört ihn noch mehr.
Sie nestelt geschickt am Hosenbund,
seine Boxershorts sind reichlich bunt.

Voll Verheißung also ging´s in die Nacht.
Mittags der Freier mit Kopfweh erwacht.
Die Phantasie, sie reicht hier nicht aus,
so toll trieb es Marlene mit Stanislaus.

Da liegt er nun, im Hirn klopft ein Specht,
die letzte Nummer bekam ihm sehr schlecht.
Nicht nur dem Schädel tut ´s fürchterlich weh,
Beischlaf ist teuer, sagt auch ´s Portemonnaie.

Und die Moral von der Geschicht´?
Ein Bordellbesuch ist keine Pflicht,
wem ´s zu teuer ist im Freudenhaus,
der such´ nach Freuden doch Zuhaus´!

Skrupellos gereimt und geschüttelt

Gestern und heute

Da sind die drei Schwestern,
die fürchterlich lästern.
Bis gestern.

Man hört heute fluchen,
die betrunk´nen Eunuchen,
wie den Harem sie suchen.

Ein liebeskranker Zwitter
outete sich im Gewitter
gestern schon auf Twitter.

Diebe machten fette Beute,
bestahlen lauter reiche Leute.
Das war ´s für heute!

Am Grabe

Ein Ehemann, schon sehr erfahren,
nahm eine Frau sich jung an Jahren.
Er war des Ehelebens müde
und seine Frau war ihm zu prüde.

Nach heftigem Genuss der Schönen,
begann er plötzlich laut zu stöhnen,
fasste schmerzerfüllt sich an die Brust -
der Tod beendete die Lust!

So stellte sie die Frage: „Alter Knabe,
was hatte sie, das ich nicht habe?"
am Grabe!

Zwei Igel

Der Eine...
Will so 'n Igel einmal schnackseln,
muss er auf die Liebste krackseln,
dabei aber achtsam sein,
denn die Stacheln sind gemein!

Der Andere...
Er wollte eine Frau besteigen,
um mit ihr Duett zu geigen.
Was man dabei wissen muss,
der Igel hier ist Musikus!

Tränenreiche Eulen

Rote Autos voller Beulen
rosten unter alten Säulen,
auf denen kläglich Eulen heulen.
Und das alles in vier Zeulen.

Anatomisches vom Hering

Der Hering hat, nun glaubt mir doch,
am After noch ein zweites Loch.
Aus diesem lässt er Gas entweichen.
Bei uns jedoch muss ein Loch reichen!

Streit

„Über dir leer´ ich den Kübel aus!"

„Das wär´ ziemlich übel, Klaus!"

„Komm runter von dem Bodenhügel,
damit ich dir die Hoden bügel!"

Goethe auf dem Heimweg

Über allen Gipfeln ist Ruh,
die letzten Kneipen sind zu
es gibt kein Bier.

Die Mädchen sind schon zu Haus,
mit flirten ist`s aus,
so schlecht geht's mir.

Wo? Was?

Sur la Therese
(also: auf der Terrasse)
nahm er den Käse
(ja, der hatte Klasse)!

Sah ein Knab´...

Sah ein Knab ein Höslein weh`n,
Höslein unterm Kleide,
blieb wie angewurzelt steh`n,
wollt was drunter ist auch seh`n,
sehnt sich nach dem Weibe.

Höslein, Höslein, Höslein rot,
lind`re meines Freiers Not.

Doch die schöne Dame sprach,
das Höslein dort am Leibe,
bringt Dir doch nur Ungemach,
Lues kriegst Du und wirst schwach,
wenn ich`s mit Dir treibe.

Höslein, Höslein Höslein rot,
bei Lues bleibt des Freiers Not.

Weihnachtsschüttelreim

Die Stimmung hier so kerzlich heut,
begrüß ich euch mit Herzlichkeit.

Was Bastler schon im Mai nachts werkten,
sieht man jetzt auf den Weihnachtsmärkten.
Matrosen die am Kai nachts warten
erhoffen sich viel´ Weihnachtskarten.
Manch Schöne sich am Kai nachts wund schafft,
denn zahlreich kommt die Weihnachtskundschaft.

An Weihnacht wird alles in Säckchen verpackt,
der Niklaus im Schnee mit den Päckchen versackt.
Dort sieht man ihn mit den Schachteln und winken,
die Menschen warten auf Wachteln und Schinken.
Verärgert sagt er: „Belacht das nicht,
macht lieber an in der Nacht das Licht.
Denn muss ich lange im Brei nachts waten,
bekommt ihr zu spät den Weihnachtsbraten!"

Die Mutter derweil die Augen schließt,
der Vater inzwischen schlau genießt
und sagt: „Du brauchst nicht lange suchen, Kind,
ich sag, wo Päckchen und Kuchen sind."

Doch bald dann all in die Küche sie rennen,
und freu`n sich weil die Gerüche sie kennen.
Der Vater aber erbost rief:
„Wann kommt endlich mein Roastbeef?"
Nichts Besseres gibt's zum Schmoren als

dafür das gelbe Ohrenschmalz.
Zur Soße nimm, ich mahne sehr,
doch bitte keine Sahne mehr,
denn dann wird die Soße grau
und die isst nur `ne große Sau.

Und von der Gans den Leichenrest
der Opa sich dann reichen lässt.
Bei Oma aber die Quarkstollen
in ihrem Magen zu stark quollen.

Um Mitternacht mit satten Mägen
erwarten sie den matten Segen.
Sie sitzen in der Bank gerührt
so wie es ihrem Rang gebührt.
Und trotz der Kirche strenger Sitten
in Dur und Moll die Sänger stritten.
Der Text dehnt sich perfid an Länge,
kennt man doch nur die Textanfänge.

Der Sohn, zu spät nach Haus der Lümmel kehrt,
weil er zu viel vom Kümmel leert.
Wenn er zu viel vom Herben stemmt,
sieht man ihn bald im Sterbehemd.
Zu Haus schenkt sie dem dicken Schuft
zu Weihnacht einen schicken Duft.
Sie denkt, wenn an der Dosis riech´ich,
dann träum und sehe rosig ich dich.
Und das geschenkte Weihnachtsmieder
sieht er bei ihr im Mai nachts wieder.

Die Kinder auf der Sudeldecke,
sie blasen ihre Dudelsäcke.

Jetzt seh´ ich, alle versanken dumpf
in meinem dummen Gedankensumpf.
Jetzt lass ich Gutes und Arges sein,
sonst dringt ´s in die Ruhe des Sarges ein.

Freut euch lieber an des Herrn Gaben,
die wir doch alle so gern haben.
Lasst die Türe, Herzen und Hände offen,
dann könnt ihr auf ein gutes Ende hoffen.

Der Mann aus Hamamed

An der Grenz´ in vollen Zügen
musst du dich dem Zolle fügen,
weiß auch der Mann aus Hamamed,
der wünscht, dass er ´ne Mama hätt,
die in ihm ihr Kindel find´t,
denn er war ein Findelkind.
Erregend packt ihn die Natur,
klammheimlich liebt er Tina nur.

Der Sauerhahn

Am Morgen schaut der Auerhahn,
all seine Frauen sauer an,
und sagt: „Ihr seid doch blöde Hennen,
wollt ihr nicht mehr mit mir pennen?"

Da sagten sie: „Mein lieber Auer,
wir alle sind auf Dich sehr sauer!
Weil jede von uns dich gut kennt,
nach einem Mal bist du impotent!"

Konstanze

Denk ich an die Romanze,
in Konstanz mit Konstanze,
als wir im Lichterglanze
bewegten uns beim Tanze.
Ja diesen Sport den kann`se,
die wunderschöne Pflanze.

Mit Charme und Eleganz,
im Haar ein Blumenkranz,
und einen Pferdeschwanz.

Doch sie hält Distanz,
spür keine Resonanz,
was soll der Firlefanz,
ich glaub´ sie liebt den Franz.

So ziehe ich Bilanz,
mir geht's an die Substanz,
ich geh ins Kloster Banz.

Goethe – mal anders

„Ich ging im Walde so für mich hin,
und nichts zu suchen, das war mein Sinn…"

Was Goethe wirklich im Wald wollte:

Ich geh´ im Wald, vergiss´ den Kram,
halt´ Ausschau nach den Birken,
die Abführpillen, die ich nahm,
beginnen schon zu wirken!

Brettersarg

Am sündhaft teuren Brettersarg,
der die Reste seines Setters barg,
zeigte ihm der Schattenriss
ganz deutlich einen Rattenschiss.

Johann

Den Johann in der roten Hose
plagt öfter ´ne Hodenrose.
Trägt er die grüne Lodenhose,
schwingen seine Hoden lose.

Anzügliches

Leute hört, Anzügliches
hat immer was Vergnügliches.
Das wissen wir genau, obwohl,
mitunter ist es auch frivol.
Doch genau das ist der Reiz,
denn man will ja einerseits,
an dem Thema sich ergötzen,
ohne jemand zu verletzen.
Nach geistig längerer Bebrütung,
fiel mir ein, dass die Verhütung
als Thema mir geeignet scheint,
denn man ist ja gern vereint.
Selbst wenn es manchen nicht berührt,
weil er die Gattin nicht verführt,
da die holde Männlichkeit,
versagt den Dienst im Lauf der Zeit.
Dann kommt ihm die Erinnerung,
an die Zeit wo er noch jung.
Drum höret meinen guten Rat,
greift – solang `s noch geht - zur Tat.

Egon

Egon mit der Denkerstirne
liebt die dralle Stänkerdirne,
die reißt an seiner Reiterhose,
so spitz ist sie, die Heiderose!

Wär´ ich Scheich...

Wär´ ich Scheich, dann mühste
ich leben in der Wüste.

Wenn Socken qualmen
vom Joggen um Palmen,
strickt in der Oase
neue Socken die Base.

Vom Wüstensand die Nase voll,
find´ ich Strände wundervoll.
Statt Joggen tät´ ich lieber tollen
als Südsee-Scheich auf den Atollen.

Gedankenfreiheit

Man denkt sich dies und mancherlei,
denn die Gedanken, die sind frei.
Sie schwirren ständig hin und her,
den Geschlechtstrieb stört ´s nicht sehr!

Hochzeitsschüttelreim

(..... hier kann der geneigte Leser evtl. passende Namen einfügen)

Ab heute geht's Dir immer schlecht,
doch es kommt noch schlimmer – echt,
bereits bei Deinen Morgensachen,
musst Du Dir lauter Sorgen machen,
wenn Du aus ungewisser Nacht
bist aus der Finsternis erwacht.

Du kannst nicht mehr als Single rocken,
ziehst mühsam an die Ringelsocken,
Du bist nicht mehr der Rührungsvolle,
vorbei ist die Verführungsrolle.
Es überfällt Dich schwärmeweis´
des Ehealltags Wärmeschweiß.

Zwar rebelliert Dein schlauer Grips,
was nützt am Hals Dein grauer Schlips,
der sagt Dir: ..... altes Haus
es gilt das Motto: „Halt es aus!"
Drum klär zuerst die Rahmenbedingung,
bevor es kommt zur Damenberingung.

Wenn .... Rücken zeigt,
dann .... zum Verzücken neigt.
Wenn er dann Liebeslieder macht,
bei ihr das Herz im Mieder lacht.
Oft hast Du sie beim Tanz begehrt,
mit Charme und Eleganz betört.

Erst Tangoschritt – sich zackig neiden,
um Mitternacht sich nackig zeigen.
Wenn dann die letzte Hülle fällt,
pass auf, dass Deine Fülle hält.
Drum gib auf Deine Mängel acht,
wenn Du erliegst der Engel Macht.

Wirst Du Dich in die Schöne senken,
wird sie Dir bald Söhne schenken.
Sie träumt dann schon voll Charme vom Enkel,
derweil liegst Du in Arm und Schenkel.
Anfangs ist es noch wahrscheinlich,
dass dieses alles war nur peinlich.

Wenn fort sind Deine Jugendtagen,
sollst Du nicht nach der Tugend jagen.
Im Gegenteil Respekt zu senden
und deinen Gästen Sekt zu spenden.
Dann kehren wieder Wonnen ein,
und Du genießt den Sonnenwein.

Doch Schluss nun – epische Gedichte,
hier die Moral von der Geschichte:
Ich wünsch Dir immer ganzen Mut,
dann klappen die Romanzen gut.
Denn wirst Du fröhlich Lust verbreiten,
kann keine Dir die Brust verleiten.

Verlier nie den gesunden Witz,
sei nie geplagt vom wunden Sitz,
denn sonst bekommst Du lauen Frust,
und hast nicht mehr auf Frauen Lust.
Ich wünsche Deinem Geiste Klarheit,
und auf dem Kopf ein volles Haarkleid,
denn wenn Dein Kopf unmerklich kahl,
dann hilft Dir auch kein kärglich Mahl.

Drum lebe ..., bist`de kalt,
dann kommst`de in die Kiste bald.

…da hörte niemand…

Gesetzt den Fall
ein Wasserfall
rauscht donnernd in die Tiefe,
da hörte niemand, wenn ich riefe!

Auf Wiederkillen !

Ich möchte ihren Widerwillen
heute Abend wieder killen!
Hab´ genug von prüdem Frust
und hoffe sehr auf ihre Lust!

Frau Wilhelm

Frau Wilhelm ist schüchtern,
sofern sie mal nüchtern.
Drum will ich doch hoffen,
sie ist heut´ besoffen!

Beschimpfung

Oh, mein Freund, ich lach mich krumm,
du bist wie ´n Dachfenster so dumm!
Du kannst toben, lachen, beißen,
kannst mich einen Affen heißen.
Du bleibst dämlich zum Zerreißen,
zu blöd, um Eimer umzuschmeißen!

Pfefferwurst

Der Metzger hat die Wurst erdacht,
doch nur, damit der Durst erwacht.
Denn der Gourmet, der Trüffel speist,
oft später wie ein Büffel scheißt.

Bei opulenten Schleckgelagen,
ist mancher Bauch schon leck geschlagen.
Drum rate ich mit Speisewaren,
sollst Du lieber weise sparen.

Nur wer nicht viel im Magen hat,
ist nächtens mit Behagen satt.
Sonst wird die Wurst zur wahren Bürde,
und `s Federbett zur Bahre würde.

Schnaps hilft zwar das Fett zu binden,
doch schwierig wird 's das Bett zu finden.
Drum trinke keinen Fusel dort,
sonst gehst mit einem Dusel fort,

und dann macht mancher Edelmann,
beim Heimweg noch ein Mädel an,
geh lieber in den Birkenwald,
denn Pfefferwürste wirken bald.

L

Laut lärmend labern linke Liberale.
Letitia liest liebestoll liederliche Lektüre.
Lachend liquidiert Lisa lila Limonade.
Ludwig leiert lustlos lausige Lieder.
Lasziv lispelt Lena lesbische Laute.
Lüstern lauernd lugen listige Lümmel.
Lustknabe leugnet locker lustiges Leben.
Lässiges Leben lernen Lumpen lieben.
Lahmer Landwirt lüftet lachend Lotterbett.

Igel-Opa

Der Igel-Opa, stets auf Drogen,
schnupft Kokain vom Rosenblatt,
dazu Reggae bis er, ungelogen,
statt Stacheln Rasta-Locken hat.

Der Igel im Gewitter

Es hockt ein Igel im Gewitter,
gar große Ängste litt er,
dass in seinen alten Tagen
es könnte ihn der Blitz erschlagen.
So fing er schnellstens an zu laufen,
um dann im Regen zu ersaufen.
Ach, armer Igel, es ist bitter
abzusaufen im Gewitter.
Manchmal ist ´s halt opportun,
still zu halten, nichts zu tun!

Windgedicht

Windmühle von Windham.
Mühle winddicht.
Windbeutel wonnig.
Windmüller jung.
Windsbraut hübsch.
Windmond.
Paar am Windlicht,
Bewegung im Windschatten.
Windspielbeginn.
Windmüller ohne Windhose.
Braut streift Windfahne ab,
windschlüpfrig.
Müller im Windkanal,
Windeier vibrieren.
Wind, Sturm, Orkan,
Windrichtung variabel,
Windrad quietscht,
Windhund-Heulen.
Windstoß:
Windstill!
Erschöpft.
Laue Winde wabern
um Windmühle von Windham.

Frühlingsgefühle

Im Frühling singt im Benz er laut,
oh wie mich dieser Lenz erbaut.
Und neben ihm trägt Maren wieder,
ihre schönen wahren Mieder.

Hinten sitzt das feine Käthchen,
ihr hübsches Kleid hat keine Fädchen,
denn nur intakte Nahtsachen,
verbergen nackte Tatsachen.

Die Taillen schlank wie Wespenleiber,
doch steht er nicht auf Lesbenweiber.
Fürs Auge sind die festen Bälle,
als Blickfang doch die besten Fälle,

er hat sich sofort laut gebrüstet,
dass ihm nach dieser Braut gelüstet.
Doch hatte irgendwer gesagt,
das Kleidchen sei doch sehr gewagt.

Das Mädchen mit dem Hirnd`l denkt,
der Mann jedoch am Dirndl hängt.
Frech hat er sich den Kuss genommen,
und ist auf den Genuss gekommen.

Die Schöne man als Perle kennt,
die gern mit einem Kerle pennt.
Sie küssen mit Gefühl, er keucht,
die Wiese ist noch kühl und feucht.

Zwar ist sein Haupt schon weiß behaart,
die Liebe hat er heiß bewahrt.
Sie hat ihn dann am Bart gezogen,
und sich zu ihm ganz zart gebogen.

Sie war schon früh sein Schülerschwarm,
betört von ihrem schwülen Charme.
Als später sie am Teiche weilten,
das Harte und das Weiche teilten,

da sagte sie ihm scherzhaft:
„ob das wohl noch dein Herz schafft?"
Denn wird vor Sex der Rücken krumm,
läufst später du mit Krücken rum!

Prostatalogisch

Prostatalogisch ist,
was man aus dem Harnfluss liest,
wenn man konstatieren muss:
Aus ist's mit dem Strullgenuss.

Älter werden ist kein Vergnügen,
man muss sich wohl dem Faktum fügen,
dass es etwas länger rinnt;
mit herbem Duft entweicht ein Wind;
dass man wieder wird zum Kindel
und täglich braucht die frische Windel.

Der Musensohn denkt sich: „Mist!
Wenn das wirklich meine Zukunft ist,
so lass es rinnen, mich stimuliert allein
Dichtung und viel roter Wein!"

Aphorismen

Der Vogel friert...

Der Vogel friert bei Winterreif,
der Affe hängt an seinem Schweif,
wer stirbt, der wird so langsam steif,
auf alles drei ich deshalb pfeif´!

Fichte

Kein Missbehagen ficht mich an,
wander´ ich durch grünen Tann.
Will man es genau belichten,
sieht man doch, es sind meist Fichten.

Kiefer

Forstmann fällt die hohe Kiefer
ist sie geplagt von Ungeziefer.
Oben sitzt der Oberkiefer,
der Unter-, der sitzt tiefer!

Eibe

Kein Harz hat die Eibe,
doch Nadeln am Leibe.
Gibst dem Weibe du von Eiben,
wird sie dir nicht lange bleiben.

Ausgetrocknet...

Ausgetrocknet sind die Wälder,
und schon gibt es Stoppelfelder.
Denk d´ran musst du heute schwitzen,
bald wirst du in der Kälte sitzen.

Tageslauf

Der Mensch steht morgens auf,
beginnt des Tages Lauf,
denn wenn er abends erst beginnt,
denkt ein jeder, dass er spinnt.

Akut oder Chronik?

Schmerzt etwas oder brennt akut,
das macht ein Pflaster wieder gut.
Ist der Schmerz jedoch von Dauer,
liegt die Chronik auf der Lauer.

Oh weh, oh nein, was für ein Mist,
das heißt doch, dass es chronisch ist.
Chronik hat nur festzuhalten,
was war gewesen bei den Alten.

Die Nachrichten sind sehr akut,
sie schmerzen auch, weil selten gut.
Chronisch wird ´s dagegen kaum,
hier beherrscht „akut" den Raum.

Der Unterschied in and´rem Lichte:
Chronisch ist krank, Chronik ist Geschichte.
Davor war ´s oftmals heiße Glut,
voll Brandgefahr und sehr akut!

Mutmaßung

Siehst du das?
Rot und nass!
Schemel blutbeschmiert
schaudernde Fragen gebiert:
Mensch oder Tier?
Zorn oder Gier?
Unfall oder Tat?
Liebe oder Verrat?
Was ist geschehen?
Wurde jemand gesehen?
Phantasie vermählt den Ort
sofort mit Mord!

Wenn die ersten Kerzen...

Wenn die ersten Kerzen brennen,
werden schon nervös die Hennen,
denn trotz weihnachtlichem Segen,
müssen sie schon Eier legen,
weil das nächste Osterfest
nicht lange auf sich warten lässt.

Für die oben...

Für die oben scheint die Sonne,
für die unten ist es kalt,
drum genießen wir die Wonne,
denn dort unten sind wir bald.

.

.

Eiche

Wenn ich so vergleiche,
gefällt mir auch die Eiche.
Und neulich lag eine Leiche,
gleich neben der Eiche.

Das reichste Leben…

Das reichste Leben, das es gab,
endet auch im dunklen Grab.
Es ist wie bei dem armen Schwein,
am Ende bist du ganz allein.

Wüstenschiff

Niemals knallt ein Wüstenschiff
unter Wasser auf ein Riff,
auch nicht auf Korallen,
das wär bestimmt schon aufgefallen.

Heringsschicksal

Der Hering lebt, soweit bekannt,
mehr im Meer als auf dem Land.
Zu Land er sich nur schlecht bewegt,
drum wurde er auch eingelegt
und schwimmt in Sahne, ganz sensibel,
mit Gurke, Apfel, manchmal Zwiebel,
dem Schlund entgegen und trifft dort eure
alkoholgetränkte Magensäure.

Gast auf dieser Welt...

Wir sind nur Gast auf dieser Welt,
und wenn wir dereinst gehen,
ist `s aus mit Wohlstand und mit Geld,
da hilft dir auch kein Flehen.

Buche

Bin immer auf der Suche
nach der schönsten Buche.
Doch wie ich auch suche:
Wundervoll ist jede Buche!

Birke

Wie schaffen das die Birken nur:
Niemals Moll, stets hell in Dur.
Dazu frei Haus aus der Natur
Birkensaft zur Rheuma-Kur.

Pappel

Schnell wachsen die Pappeln,
ob in Ulm oder Kappeln.
Düngt man sie mit Pferdeappeln,
wachsen noch schneller die Pappeln.

Wenn ich jetzt stürbe...

Wenn ich jetzt stürbe, wär `s mir leicht,
ich könnt mein Glück kaum fassen.
Dann hätt ich endlich es erreicht,
und könnt den Scheiß verlassen.

Andere Vorstellung

Ich habe mir auf dieser Welt,
das Alter anders vorgestellt.
Bleibt mir noch genügend Zeit?
Bin ich zur Änderung bereit?

Jetzt wäre Zeit...

Wirst älter, denkst, es bleibt dir Zeit
für Lesen, Schreiben, Handarbeit,
denn abgenabelt sind die Kinder.

Doch diese wollen Zeit nicht minder
und drücken dir mit Freuden Enkel
zum Schaukeln auf die alten Schenkel.

Mathematik

Ein Mathematiker aus Staufen,
wollte morgens schon einkaufen,
doch hat er leider nicht bedacht,
dass es gefroren in der Nacht,
weshalb vor `m Haus das Trottoir
mit glattem Eis bezogen war.

Er stürzte und hat sich gebrochen,
an Arm und Bein je einen Knochen.
Als er im Bett vergipst dann war,
da sagte er: „Wie sonderbar,
mit Brüchen hab ich stets berechnet,
doch damit hab ich nicht gerechnet!"

Wind aus...

Ost-Süd-Ost – Tod im Frost.
Nord-Nord-Mord – die Leich´ist fort.
Süd-West-Süd – ein Feuer glüht.
West-Süd-West – weht Aschenrest!

Kurschatten

In die Kur schickt sie den Gatten,
dass er kräftig komm´ zurück,
doch er nimmt sich einen Schatten
und genießt statt Kur das Glück!

Seitensprung

Täglich schwörst du ihr auf`s neue,
deine eheliche Treue.
Doch hast zu Haus` du einen Drachen,
darfst `ne Ausnahme du machen!

Betrachtet und reflektiert

Das Leben ist schwierig...

Oft wird zu Protokoll gegeben:
schwierig sei das ganze Leben.

Für Kinder sieht das anders aus,
die kümmert nicht der Krampf ums Haus,

die kümmert nicht der Kampf ums Geld,
Spielen, das ist ihre Welt.

Bald werden sie sich infizieren,
weil sie die Eltern imitieren

in ihren Rollen, ihren Possen.
So wird früh die Form gegossen,

um zu Protokoll zu geben,
wie schwierig doch das ganze Leben.

Bitte

(nach J.W.v.G.)

Langen Weges glückliches Ende.
Nur noch eine letzte Wende,
dann bitten wir den großen Meister:
Lass uns nur die guten Geister.
Nimm die giftigen, hässlichen,
sperr´ sie ein in verlässlichen
Kerkern zu all den üblen Wesen!
Das sei´s gewesen.
Kehraus!
In die Ecke, Besen!

Nichts mit W

Nicht Wagnis.
Kein Wald.
Nicht Wachsen.
Kein Wasser.
Nicht Werben.
Kein Weg.

Ohne Wert.
Kein Wesen.
Ohne Widerhall.
Kein Wille.
Ohne Wissen.
Kein Wort.

Endlich Licht -
Wunder!

Altersweisheiten

Wie war das alles furchtbar wichtig,
du musstest machen, und zwar richtig;
du musstest lernen, musstest wissen.
Der Job war hart, kein Ruhekissen.

Nun bist du raus aus dem Gehetz´
vom Alter her und vom Gesetz.
Die Frage ist, was machst du nun,
du musst doch irgendetwas tun.

Bist ruhelos, beginnst zu starten
mit Fitnesstraining und im Garten.
Du bist vital, gehst viel auf Reisen,
und musst doch nicht mehr beweisen,

dass ohne dich rein gar nichts geht.
Klarheit nun, was dich umweht.
Das „Muss" vergeht wie´s „Unbedingt".
Keiner dich zum Helden zwingt,

und, wenn´s mal brennt in deinem Haus,
dann holt man dich als ersten raus.
Den Bauch, den ziehst du nicht mehr ein,
betritt ´ne Frau dein Kämmerlein.

Lebst auf dem Land oder bist Städter,
Top-Thema wird für dich das Wetter.
Haare silbern, licht allemal,
bei vielen schon die Glatze kahl.

Das Beste ist für dich daran,
es ficht dich überhaupt nicht an.
Ohne Sex kaum vorstellbar dein Leben.
Auch das wird mit der Zeit sich das geben.

Langsam dann erkennt dein Wille:
Sex nicht so dringend wie die Brille!
Die Uhr läuft weiter, ohne Halten.
Schließlich erkennst du, dass die Alten

recht weise sich hier arrangieren,
von Schwächen gar noch profitieren,
denn sie sehen in der Ferne schon
das Finish für den Marathon,

den sie ihr Leben lang gelaufen.
Lass sie daher etwas schnaufen.
Die Geheimnisse, die sie erfahren,
woll'n sie nicht für sich bewahren:

Das, an dem das Herz so hing,
war leider nur ein flüchtig Ding.
Dagegen kann in reifen Zeiten
Bescheidenes viel Glück bereiten.

Doch dieser Weisheit Adressaten
lassen sich nur schwer beraten.
So war's schon immer hier auf Erden,
und wird bestimmt kaum anders werden.

Unvergleichlich

Eine Liebeserklärung

Tief in den Annalen der Geschichte
studier´ ich Sagen und Gedichte
nach der Frau, nach der Gestalt,
die meiner Lieb´ am nächsten halt.

Griechisch fragte ich Athene,
ob sie vergleichbar mit Helene,
dem hübschen Weib des Paris,
ehrlich bitte, nur, was wahr ist.

Athene aber zögert, schweigt,
schließlich sie auf Luna zeigt.
Doch Luna ist ein Mondgesicht,
eine Schönheit sicher nicht.

Ich dachte, dass bei Aphrodite
ich an die Richtige geriete.
Sie war sinnlich, wunderschön,
da konnte keiner widersteh´n.

Ob Ares, Hermes, Dionys,
sie alle in ihr Bettchen liess.
Sie war herrlich, nur nie treu,
meine Lieb´ ist schön und scheu!

Diese Gottheit taugt bei Licht
dann zum Vergleiche nicht.
Wie wär´´s mit Tierschutz oder Jagd,
wenn man die Artemis fragt?

Und siehe da, sie ist nicht hässlich,
nur, trotz Jagd, ein bisschen blässlich.
Nein, denk´ich, auch diese nicht,
an Grazie es ihr sehr gebricht.

Durch die Götterwelt sich schinden,
der Liebsten Ebenbild zu finden,
gleicht der Arbeit von Herrn Sisyphos,
den einst sein Job auch sehr verdross.

Such weiter in antiker Sphäre,
ob nicht ein Vergleich da wäre.
Götter gab´s ja jede Menge,
im Griechenhimmel Mordsgedränge.

Nun schau´ich mir die Hera an,
die schützt die Ehe, wo sie kann.
Das tut die Meine, jede Wette,
besser noch bei Tisch und Bette!

Zeus, der große Götterboss,
keinen guten Ruf genoss.
Bekannt ist, dass der alte Bock
her war hinter jedem Rock.

Der kennt sich aus mit Götterdamen,
denke ich und frag nach Namen.
Leider zu spät, er ist schon dement,
liegt auf den Wolken rum und pennt.

Endlich wird mir nun auch klar,
was für ein Idiot ich war.
Ich hab´ doch alles hier auf Erden,
muss nicht im Himmel fündig werden.

Drum will in guten wie in harten Tagen
nie mehr ich die Götter fragen,
bin ich doch dessen eingedenk:
Sie sandten mir schon ihr Geschenk
und machten mich unendlich reich,
für meine Frau gibt´s kein´n Vergleich!

Freundschaft

Er nimmt sich Zeit, der Freund, er hört dir zu,
ist so vertraut und doch nicht du.
Ihn freut dein Scherz,
fühlt deinen Schmerz.

Auch du bist da, ganz ungefragt,
nimmst in dich auf, was er dir sagt.
Du wirst ihm ehrlich raten
zu und ab von Plänen, Taten.

Keiner von euch beiden
wird dem anderen ´was neiden.
Trefft ihr euch nach Tag und Jahr,
ist ´s, wie wenn es eben war,

dass zusammen ihr gesessen,
gelacht, getrunken und gegessen
und für die Fragen unsres Lebens
die Lösung suchtet, meist vergebens.

Freundschaft finden, halten,
fordert beide zu gestalten.
Kostbarer noch als Edelstein,
wird beständig sie, doch selten sein.

ES

Erfasst geschwind
vom leichten Wind
taumelt ES und schwebt,
steht, zittert, bebt.
Feder oder Blatt?
Idee, die keine Konturen hat?
Gedanken? Träume? Poesie?
ES ist alles, ES ist Phantasie!

Noch...

Da flöten, trillern, pfeifen
Vögel vor dem Fenster.
Macht mich glücklich.
Noch.

Bäume, Büsche im Morgenlicht.
Helles, sattes, tiefes Grün.
Alles grüßt windbewegt.
Noch.

Köstlicher Duft nach Braten
zieht durch das Haus,
Genuss verheißend.
Noch.

Lebhafte Runde mit Freunden.
Anregender Abend.
Beflügelt den Morgen.
Noch.

Sommer, Kinder und Enkel.
Lachen, rufen, rennen.
Lebensfeuer.
Noch.

Mitteilen, wissen, vertrauen, verzeihen.
Ein ganzes Leben gemeinsam.
Das ist es!
Noch!

Zeit verstehen...

Zeitpunkt.
Zu früh.
Zu spät.
Dazwischen perfekt.

Es sagen Antennen,
zu früh,
zu spät.
Du musst es erkennen.

Man hätte tun sollen.
Jetzt.
Wirklich.
Es ist das Wollen.

Wende

Da war die Vision,
der Weg schien klar.
Pläne flogen schon
voraus viele Jahr.

Plötzlich Wende:
Angst vor dem Mut.
Ideen am Ende.
Beistand tut gut.

Lösen der Blockade.
Ein besserer Plan.
Du wagst die Rochade,
fängst nochmals an;

erkennst am Ende,
dass richtig die Wende.

Resümee

Hin und her,
kreuz und quer.
Auf, nieder, gewunden.
Gesucht, doch nicht gefunden.
Weg verschwommen.
Gedanken kommen,
klären den Blick:
Geh!
Nie zurück!

Wintergedanken

Komme aus dem Wald zurück,
bebend noch von diesem Glück:
Rings um uns gleißt es so weiß,
Kälte herrscht mit Schnee und Eis.

Im Ofenfenster rote Glut,
Wärme tut jetzt wirklich gut.
Ruhe senkt sich in den Geist,
Lautes bleibt im Tale meist.

Reflexionen über Leben,
Sinn und Sein und stetes Streben,
über Werden und Verderben,
Freundschaft, Liebe, Sterben.

Voller Steine scheint der Weg,
und viel zu oft fehlt auch der Steg
ein Hindernis zu queren,
Neid und Böses abzuwehren.

Natur, die unbezwingliche Kraft,
Gegensätze löst, neue schafft;
Wärme, Kälte, dunkel, hell,
Dürre, Regen, träge, schnell.

Locker bleiben, runter schalten
und heiter sein, sich offen halten.
Und so erfüllt sich dann mein Glück?
Auf jeden Fall ein gutes Stück!

Melange des Lebens

So ist sie eben –
Melange namens Leben:
Dunkel oder hell;
mal langsam, mal schnell;
sie ist kräftig oder auch matt;
man ist hungrig oder satt;
manche sind heiß, manche prüde;
einer ist munter, ein anderer müde.
Da gibt es Arme und Reiche;
sowohl Harte wie Weiche;
Wir kennen Slawen und Germanen,
Menschen mit 'nem Doppelnamen.
Verlockende gibt's und Widerwärtige,
Stinknormale und auch Grenzwertige.
Da sind die Zahlenden und die Steuersünder,
die Lehrer und ihre Schulkinder.
Es gibt Ignoranten und Kenner,
vor allem aber Frauen und Männer!
Erst die vielen Facetten und Akzente
ergeben die bunten Lebensornamente,
und kreieren eben
die Melange namens Leben!

Du bist mein Freund...!

„Du bist mein Freund", sagt sich so leicht,
hin und wieder stimmt ´s vielleicht.
Nur macht es großen Unterschied
wie der und jener Freundschaft sieht,
man findet sie in vielen Worten,
wo ist sie echt, wie sie orten?

Verbündeter und Kamerad -
Genossen sind ´s zu gleicher Tat.
Partner ist man in Liebe und Beruf,
Spezis haben zweifelhaften Ruf.
Möchtest du mal Pferde klau´n,
wirst du auf den Kumpel bau´n.

Getreue folgen dir stets gern,
für sie bist du des Weltalls Kern.
Der Schulfreund ist wie du bejahrt,
Intimes der Vertraute wahrt.
Gleichgesinnt, das Ziel im Blick:
Parteifreund und die Politik.

All´ das ist der echte Freund und mehr,
drum ist Beschreiben auch so schwer.
Wenn es aber schwierig wird für dich,
beweist die wahre Freundschaft sich,
und mühelos wird offenbar,
ob jener Freund auch einer war!

Das Dichten

Auf meinem Kopfe wird es lichter,
solches macht mich nicht zum Dichter,
es scheint viel eher zu beweisen:
Der Mann ist nun ein altes Eisen.

Wenn ich wie ein Dichter fühle,
den heißen Kopf mit Rotwein kühle,
spür´ ich auch die feuchte Luft,
die anzeigt schon die nahe Gruft.

Was das betrifft, so führt mitnichten
zu mehr Weisheit mich das Dichten.
Doch macht es mir zutiefst bewusst,
da ist noch sehr viel Lebenslust.

Natur ist optimistisch...!

Es fällt ab was schon dahin,
gibt dem Werden Neubeginn.
Mählich kehrt Natur zurück,
holt sich wieder Stück um Stück,
erobert Wege und Ruinen,
die den Menschen nicht mehr dienen.
Aus Mauern Birkentriebe schießen
und Gräser aus dem Asphalt sprießen.
Hallengerippe beranken sich kühn,
Schienen rosten im frischen Grün.
Lässt man sie, dann kann sie eben
sich immer wieder neu beleben!
Aber viel zu oft – und ohne Not -
sind wir für die Natur der Tod.

Die Autoren

Dr. Wolfgang Bruckschlegl
Geboren 1948 in Nördlingen (Bayern).

Nach dem Abitur Studium in Erlangen und Berlin. Tätigkeit als Chirurg und Gefäßchirurg. Lebt in Heidenheim an der Brenz (Baden-Württemberg). Seit 25 Jahren ist er Mitglied des Allschlaraffischen Bundes im *Hohen Reych Am Hellenstein* in Heidenheim.

Hier entdeckte er seine Liebe zur Reimkunst und fand die ideale und humorige Alternative zum streng wissenschaftlichen Alltag der Profanei.

Klaus P. Domberg
Geboren 1940 in Dresden. Nach Abitur und Lehre Werbetätigkeit und PR-Arbeit in der Industrie, dann angestellter, später selbständiger Unternehmer im Großhandel und Import von Werbemitteln.

Die letzten 15 Berufsjahre arbeitete er als Unternehmensberater.

Lebt auf einem ländlichen Anwesen im Kreis Schwäbisch Hall. Die Liebe zum Reim, zum Spiel mit der Sprache machten ihn fast zwangsläufig zum begeisterten Schlaraffen im *Hohen Reych Gaudia mundi* in Schwäbisch Gmünd.